DIE REIHE
Archivbilder

DAS ALTE FÜRSTENBERG (ODER)

Blick zur Orgel der Stadtkirche um 1940.

DIE REIHE
Archivbilder

DAS ALTE FÜRSTENBERG (ODER)

Dr. Klaus-Dieter Gansleweit,
Erich Opitz, Dr. sc. Manfred Schieche

SUTTON
VERLAG

Oder-Spree-Kanal mit Unterschleuse von Südosten 1931.

Sutton Verlag GmbH
Hochheimer Straße 59
99094 Erfurt
www.suttonverlag.de

ISBN 978-3-89702-022-1

Druck: Books on Demand GmbH, Norderstedt, Deutschland

Inhaltsverzeichnis

Danksagung

Es ist den Autoren ein Bedürfnis, folgenden Einzelpersonen bzw. Familien, die in entgegenkommender Weise Fotos zur Verfügung stellten und bereitwillig Auskunft erteilten, herzlich zu danken:

Helmut Appe, Gerda Berger, Martin Berger, Norbert Brose, Dieter Brümmer, Constantin Decker, Eva Finke, Hermann Geller, Anita Gutsche, Familie Fritz Hermann, Dr. Gerhard Jaeschke, Reinhard Kahlisch, Martin Karge, Siegfried Kietzke, Johanna Koch, Gerhard Krüger, Dietrich Kunger, Erwin Linke, Dr. Horst Mierke, Gerhard Müller, Horst Müncheberg, Willi Olschewski, Familie Helmut Padel, Friedrich Peukert, Käte Piefke, Gerd Pöhnack, Horst Popper, Familie Hartmut Preuß, Hertha Reiche, Manfred Schenk, Familie Bernd Schneider, Bernhard Schulz, Familie Horst Siebert, Günter Slosarek, Günter Thiemt, Gabriele Urban (Stadtarchiv), Hans Waschke.

Oder-Spree-Kanal unterhalb der alten Deichbrücke um 1915.

Einleitung

Das vorliegende Buch ist einer Niederlausitzer Stadt gewidmet, deren Name auf neueren Landkarten nicht mehr zu finden ist. Seit dem Zusammenschluß mit Stalinstadt, der Wohnstadt des Eisenhüttenkombinats Ost (EKO), am 13. November 1961, besteht Fürstenberg (Oder) als selbständiges städtisches Gemeinwesen nicht mehr, ist es Stadtteil (neuerdings Ortsteil) von Eisenhüttenstadt. Bei Gründung dieser Stadt unter neuem Namen sind also Orte zusammengefügt worden, die sich hinsichtlich ihrer Entstehung und Geschichte grundlegend unterschieden. Nur fünf Jahre nach Beendigung des Zweiten Weltkriegs wurden die Beschäftigten der „Bau-Union Fürstenberg" zu Erbauern der „Wohnstadt Fürstenberg" (1950) für das „Hüttenkombinat Fürstenberg". Für beides übernahm Fürstenberg (Oder), das 1952 zur Kreisstadt erhoben wurde, lebenswichtige Versorgungs- und Verwaltungsaufgaben. Um so schmerzlicher empfanden nicht wenige Fürstenberger später die Tatsache, daß ihre Heimatstadt in der „ersten sozialistischen Stadt" kommunalpolitisch recht stiefmütterlich behandelt wurde.

Eisenhüttenstadt ist keineswegs in einem Niemandsland entstanden. Dies wird gewiß auch dem mit den örtlichen Verhältnissen weniger vertrauten Leser und Betrachter unseres Heimatbuches sehr bald deutlich werden. Die hier zu einem großen Teil erstmals veröffentlichten Bilder entstammen einer von Erich Opitz angelegten Foto- und Postkartensammlung, ergänzt durch Erinnerungsfotos aus dem Familienbesitz „alter" Fürstenberger. In Verbindung mit neuen Ergebnissen stadtgeschichtlicher Forschung veranschaulichen sie auf eindrucksvolle Weise die Geschichte Fürstenbergs und das Leben seiner Bewohner.

Das Wohl und Wehe der Stadt war von jeher eng mit dem Fluß verknüpft. Als sie am 18. Februar 1286 in das Licht der urkundlichen Überlieferung tritt, ist sie Zollort für die Oderschiffahrt. Wir gehen sicher nicht fehl, wenn wir annehmen, daß der bis 1816 erhobene Fürstenberger Wasserzoll schon bei der Stadtgründung von Schiedlo hierher verlegt wurde. Bald nach 1249 war der meißnische Markgraf Heinrich der Erlauchte in den Besitz der schlesisch-polnischen Burg „Scidelow" (Schiedlo) und eines bis dahin zum Land Lebus gehörigen linksodrischen Gebietes gelangt, das er durch die Gründung Fürstenbergs (wohl um 1252/53) und die Stiftung des Zisterzienserklosters Neuzelle (1268), dem die Stadt ab 1316 unterstand, vor dem Zugriff anderer Territorialmächte zu schützen suchte. Auch in die strategischen Überlegungen Kaiser Karls IV. (1316–1378) wurde das Oderstädtchen einbezogen. Den Erwerb der Mark Brandenburg anstrebend, kaufte er es dem Kloster 1370 kurzerhand ab, um es zu einem militärischen Stützpunkt auszubauen. Jedoch blieb dieses Vorhaben in den Anfängen stecken, so daß der Ort vom Stift 1406 zurückerworben werden konnte. Als dessen einzige Stadt war Fürstenberg Marktort und Warenlieferant für die Stiftsdörfer sowie die nähere Umgebung. In geringerem Maße wurde aber auch Fernhandel betrieben. Eine Handfeste des Abtes Johannes von 1335 regelte u.a. die Oderfischerei der Bürger und den Verkauf von Gewand und Schuhen in der Stadt. Sie liefert auch erste Hinweise auf die Bierbrauerei und erwähnt erstmals sechs Fischzeidler des Klosters auf dem späteren Fürstenberger See. Haupterwerbszweige aber bildeten Handwerk und Landwirtschaft, besonders die Viehzucht.

Zu Reichtum haben es damals wie heute freilich nur wenige gebracht. Mancher Nachteil für die Stadt ergab sich aus ihrer heute idyllisch anmutenden geographischen Lage. Die erhöhte

Talsandterrasse gewährleistete zwar einen sicheren Hochwasserschutz, doch erwies sich der karge Terrassensand als wenig gewinnbringend für den Ackerbau. Hinzu kamen Schwierigkeiten bei der Versorgung mit Wasser, das z.B. zum Bierbrauen mit Rinder- oder Pferdegespannen „von unten aus dem See bey der Oder einen hohen schweren Sandberg" (1698) hinaufbefördert werden mußte. Andererseits waren die für die Viehzucht unentbehrlichen Auen ober- und unterhalb der Stadt bis zur Mitte des vorigen Jahrhunderts häufig Dammbrüchen und verheerenden Überschwemmungen ausgesetzt. Zu den natürlichen Hindernissen für eine gedeihliche Entwicklung traten von Menschen gemachte, vor allem häufige Stadtbrände, Verwüstungen der Stadt und Dezimierungen ihrer Einwohner während des Dreißigjährigen Krieges und nicht zuletzt die feudale Abhängigkeit von der Neuzeller Stiftsherrschaft, die in allen Bereichen des städtischen Lebens, wie bei Abfassung der Innungsartikel der Handwerkerzünfte, durch Auswahl der Ratsmitglieder, im Schul- und Gerichtswesen sowie bei der Erhebung von Steuern und Kontributionen, grundherrliche Interessen durchsetzte. So war denn Fürstenberg noch zu Anfang des vorigen Jahrhunderts ein unbedeutendes Landstädtchen, in dem es um 1800 nur etwa 1.300 Einwohner, nur einen Gasthof zur Beherbergung von Reisenden und nicht einmal eine hindurchführende Landstraße gab.

Der Anschluß an das Eisenbahnnetz (1846) und die Eröffnung einer Braunkohlengrube bei Schönfließ (1857) leiteten auch in diesem Teil des Kreises Guben die Industrialisierung und damit eine grundlegende Wende ein. Neugegründete Betriebe, vor allem die Glashütte, und gewerbliche Einrichtungen brachten vielen Arbeit und Brot. Glasprodukte und Korbwaren trugen den Namen der Stadt schon in andere Länder Europas und nach Übersee, als 1891 der Oder-Spree-Kanal eröffnet wurde und sich Schiffahrtsunternehmen ansiedelten, die den Ruf Fürstenbergs als Schifferstadt begründeten. Unter den Nationalsozialisten wurde das in Jahrzehnten entstandene oder später hierher verlagerte Industriepotential für einen Krieg mißbraucht, dem auch in Fürstenberg zahlreiche Menschen zum Opfer fielen.

Aus Jahren stürmischer wirtschaftlicher Entfaltung kurz vor der Jahrhundertwende sind nun auch erste Bilddokumente in Gestalt von Fotos und Postkarten überliefert. Die uns vorliegende älteste Aufnahme von etwa 1890 zeigt die Familie des schnurrbärtigen Fürstenberger Tischlermeisters Krüger und entstammt dem Atelier des Gubener Fotografen Franz Cyrani, der in der Fürstenberger Bahnhofstraße eine Filiale eröffnet hatte. Aufnahmen von der Jahrhundertwende sind in den Ateliers Dietrich und Sewzynski entstanden. Unmittelbar vor dem Ersten Weltkrieg setzen die Fotos Paul Bethges ein, und zahlreiche Stadtansichten und Schnappschüsse vom gesellschaftlichen Leben zu DDR-Zeiten sind dem Fotografenmeister Heinz Boche sowie (vor allem aus der neuen Stadt) Friedrich Peukert zu verdanken. Ob schwarzweiß oder koloriert, viel gekauft wurden seit Ende des 19. Jahrhunderts Postkarten der hiesigen Verlage Buchmann, Coler, Padel u.a., wobei sich Ansichten der Königstraße, des Oder-Spree-Kanals und Blicke über den Kanal hinweg auf die Stadtkirche offenbar besonderer Beliebtheit erfreuten.

Lassen wir uns von den Bildern gefangennehmen. Durchwandern Sie mit uns sieben Jahrzehnte Geschichte des alten Fürstenberg, dessen enge Gassen noch immer das Flair vergangener Jahrhunderte erahnen lassen und das vielen hier und anderswo Heimat ist.

1

Lage und Umgebung

Stadt und Mündungsgebiet des Oder-Spree-Kanals von Südwesten 1930. „Fürstenberg liegt auf dem linken Ufer der Oder hart am Strome und auf dessen erhöhtem Thalrande", so beschreibt H. Berghaus 1856 in seinem Landbuch treffend die Terrassenlage der Stadt. Die angrenzende Oderaue ist seitdem völlig umgestaltet worden, so daß nicht mehr der Fluß selbst, sondern von diesem abgezweigtes Kanalwasser den Fuß des Terrassenhangs umspült. Etwa an der Stelle, wo unterhalb der Deichbrücke drei Lastkähne festgemacht sind, lag bis 1855 die Mündung des Fürstenberger Sees. Die Landzunge rechts und das anschließende Auengebiet bis in Höhe des Oderdeichs erstrecken sich im früheren Flußbett, das in der zweiten Hälfte des 19. Jahrhunderts beträchtlich eingeschränkt wurde. Die zum Kanal abfallenden „Seeberge" südwestlich der Stadt dienten einst dem Weinanbau. Im Hintergrund fällt die Terrasse allmählich zur Unteren Aue ab. Westlich des Oderbogens gab es noch im 18. Jahrhundert Reste eines Eichen-Hainbuchen-Waldes, des sogenannten Buchwalds, nach dem die Buchwaldstraße benannt ist.

Die Stadt und ihre südöstliche Umgebung auf einem Luftbild der dreißiger Jahre. Die alte Deichbrücke ist entfernt, das Pumpwerk stillgelegt und der 1855 fertiggestellte Oderdeich in diesem Abschnitt geschlossen worden. Eine neue Deichanlage engt das frühere Vorland mit dem „Bäckerloch", einer Vertiefung im ehemaligen Flußgebiet, beträchtlich ein.

Idyll im Arboretum des Stadtparks südlich des Oder-Spree-Kanals (um 1940). Im Mai 1927 wurden in diesem großzügig geplanten, wegen Geldmangels jedoch unvollendet gebliebenen Volkspark die ersten Bäume gepflanzt. Die Anlage erstreckt sich in einem Auengebiet, das jahrhundertelang als Viehweide genutzt wurde (1758 „Hutung der Anger").

Blick auf die Stadt von Nordosten um 1915. Noch dient der alte Kanalabschnitt unmittelbar vor der Mündung zur Ausfahrt in die Oder.

Derselbe Abschnitt des Oder-Spree-Kanals am Anfang der dreißiger Jahre. Die alte Kanalmündung ist gesperrt, und in der seitdem als Winterhafen genutzten Kanalstrecke zwischen alter und neuer Mündung, im Volksmund „Toter Arm" genannt, ist es ruhig geworden.

Blick auf die Stadt von der Fährbuhne am rechten Oderufer (um 1900). Deutlich erhebt sich der Ostrand der Urstromtalterrasse, auf dem die städtische Siedlung im hohen Mittelalter angelegt wurde, über die Oderaue. Der Höhenunterschied zwischen dem Normalwasserspiegel der Oder und dem Marktplatz beträgt 15,8 m.

Luftaufnahme von der neuen Mündung des Oder-Spree-Kanals bei Oder-Kilometer 554,1 (1930). Die erste Kanalmündung lag ca. 750 m flußabwärts, was sich jedoch wegen starker Versandung und schwieriger Navigationsverhältnisse als ungünstig erwies. Zwischen 1925 und 1930 wurde sie daher an diese Stelle verlegt.

Blick auf Schönfließ von der „Kieskuppe“, früher Götter- und Opferberg (1892) genannt, um 1940. Von 1944 bis 1947 und von 1950 bis 1961 war das Dorf nach Fürstenberg eingemeindet. Seit Eröffnung der Kohlengrube (1857; ab 1858 „Präsident“) entwickelte es sich zu einer Industriegemeinde, und vor allem entlang der späteren Fünfeichener Chaussee (Mitte) siedelten sich Industriearbeiter an. Auf dem Geländevorsprung im Vordergrund befindet sich ein urgeschichtlicher Urnenfundplatz.

Vogelsang um 1920. Von jeher bestanden zwischen der Stadt und diesem Dorf, dessen Gemarkung halbinselartig in die Stadtflur hineinreicht, besonders enge Beziehungen. So wurde der Ort vom Kloster 1370 mit Fürstenberg an Kaiser Karl IV. verkauft. Von 1944 bis 1956 war Vogelsang nach Fürstenberg eingemeindet.

Blick zum ehemaligen Zisterzienserkloster Neuzelle (1268–1817) um 1910. Nur etwa 6 km Luftlinie trennten die Stadt von ihrer feudalen Grundherrschaft. Im Jahr seiner Auflösung gehörten zum Kloster die Stadt Fürstenberg und 37 Dörfer. Die ehemalige Klosteranlage ist Anziehungspunkt zahlreicher Touristen.

Baracke eines Wohnlagers für Bauarbeiter 1951. Arbeitskräfte aus verschiedenen Gegenden der DDR waren ab 1950 auf den Baustellen des EKO und der neuen Wohnstadt im Einsatz. Zu ihrer Unterbringung wurden mehrere Barackenlager, die sogenannten „Barackenstädte“, errichtet. Das erste dieser Wohnlager befand sich an der Alten Poststraße südwestlich der EKO-Baustelle, weitere Lager entstanden auf der „Insel“ und im späteren Stadtbereich.

Blick in den zweiten Wohnkomplex Stalinstadts 1958. Westlich des Oder-Spree-Kanals, unweit der Gemarkungsgrenze mit Schönfließ, war von 1951 bis 1953 der erste von zunächst vier vorgesehenen Wohnkomplexen der EKO-Wohnstadt entstanden. Im Zeitraum bis 1961 folgten die übrigen drei. Das Krankenhaus am Fuße der Diehloer Berge hatte 1955 324 Betten.

Die Leninallee (jetzt Lindenallee), die Magistrale Stalinstadts, von Süden 1959. Sie mündet an der Thälmannstraße (jetzt Beeskower Straße), die bis 1974 die Hauptverbindung zwischen Fürstenberg, dem Neubaugebiet und Schönfließ bildete, in die Werkstraße des Eisenhüttenkombinats ein.

Einfahrt zum Eisenhüttenkombinat „J. W. Stalin“ am „Dreieck“ 1960. Östlich der Alten Poststraße ist noch ein Reststück einer Kiefernwaldfläche erhalten, die um 1950 einen großen Teil der Talsandterrasse nördlich der Schönfließer Chaussee einnahm und beim Bau des Eisenhüttenkombinats zunehmend gerodet wurde.

Umzug mit Schalmeienkapelle anläßlich des zehnjährigen Bestehens von Werk und Stadt 1960. Damals wurde der vierte Wohnkomplex errichtet.

2

Das Zentrum der Stadt

Luftaufnahme des Stadtkerns zwischen Roß- und Lindenplatz um 1930. Von Südwesten nach Nordosten durchläuft die Königstraße das Stadtgebiet, in dem ehemals vier Stadtviertel unterschieden wurden. Östlich der Königstraße lag das nach einer alten Fischersiedlung benannte „Kietz-Viertel“ (1756) mit 85 Wohnstellen, Kirche und Schule. In diesem nach Fläche und Wohnhäuserzahl bedeutendsten Stadtteil wohnten in der Mitte des 18. Jahrhunderts u.a. der Bürgermeister, der Kämmerer, je ein Arzt, Apotheker und Kaplan, außerdem der Scharfrichter. Nordöstlich davon erstreckte sich das „Oder-Viertel“ und westlich der Königstraße das „Töpfer-Viertel“, an das sich im Nordwesten das auf dem Bild nicht mehr erfaßte „Juden-Viertel“ anschloß. Das mittelalterliche Stadtgebiet war an drei Seiten umwallt und die südöstliche Längsseite durch den Steilabfall der Terrasse zur Oderaue natürlich geschützt. Der Verlauf des südlichen Wallabschnitts ist auf dem Foto deutlich an der bogenförmigen Anordnung der Gebäude zu erkennen. Außerhalb der Umwallung lagen die Gubensche und die Frankfurter Vorstadt (1715) sowie die Scheunen der Ackerbürger.

Das 1836 erbaute Rathaus kurz vor dem Umbau von 1900. Nach dem Stadtbrand vom 27. August 1834 entstand dieses schlichte Gebäude, das die Finanznot der Stadt widerspiegelte. Es mußte als kombiniertes Rat- und Schulhaus projektiert werden, da ein Schulneubau wegen leerer Kassen nicht zustande gekommen war. Seit 1345 sind Ratmannen und um 1400 erstmals auch ein Bürgermeister sowie ein Rathaus schriftlich bezeugt.

Marktplatz mit Kriegerdenkmal und Rathaus am Anfang der zwanziger Jahre. Harmonisch fügt sich das 1900 im Stil der Spätrenaissance umgestaltete Gebäude in das Stadtbild ein. Auf seinem Dach ist eine Telefon- und Telegrafenanlage montiert. Den Marktplatz schmückt ein mit Gas betriebener Kandelaber, gestiftet 1912 vom Ehrenbürger F. Thielenberg. An das elektrische Stromnetz wurde Fürstenberg erst ab 1924 angeschlossen.

Marktplatz mit Häuserzeile der Königstraße um 1920. Im Hintergrund ist das Hotel „Zum Kronprinzen“ (Inhaber: Hermann Richter) zu erkennen, am rechten Bildrand eine Wasserpumpe, die bald nach Entstehen dieser Aufnahme entfernt wurde.

Das heute denkmalgeschützte Rathaus am Marx-Engels-Platz 1979. Von 1917 bis 1933 amtierte in diesem Gebäude der verdienstvolle Bürgermeister Heinrich Pritzsche. Von hier aus ergingen nach Kriegsende die Befehle des sowjetischen Militärkommandanten Oberstleutnant Adamowitsch. Am 17. Juni 1953 wurde das Haus, in dem u.a. die Kreisleitung der SED Fürstenberg (Oder) ihren Sitz hatte, von aufständischen Bauarbeitern gestürmt.

Sedanfeier auf dem Marktplatz um 1910. Gebäude mit unterschiedlicher Geschoßzahl nehmen die westliche Längsseite des Platzes ein. Die größten Häuser befanden sich im Besitz des Eisenwarenhändlers Richard Schilling (rechts) und des Fleischermeisters Hermann Berger.

Das vor dem Rathaus am 24. September 1905 eingeweihte Kriegerdenkmal in den dreißiger Jahren des 20. Jahrhunderts.

Ein Wochenmarkt auf dem Marktplatz in den dreißiger Jahren. Ackerbürger und Bauern der Umgebung bieten ihre Produkte an. Die Erlaubnis zur Abhaltung eines Wochenmarktes wurde der Stadt 1540 bestätigt. 1654 brachten die Jahrmärkte „Philippi et Jacobi" (1. Mai) und „Simon et Jude" (28. Oktober) der Stadt 7 Taler, 6 Groschen und 9 Pfennige Standgeld ein.

Die Stadtpromenade der Frankfurter Straße um 1925. Zwischen dem Zentrum und den westlich davon gelegenen Schulen wurde diese schöne Grünzone geschaffen. Sie erstreckte sich in einem Abschnitt des verfüllten Stadtgrabens (1756 „Graben zwischen der Stadt und den Scheunen"), einer mittelalterlichen Befestigung. Im 19. Jahrhundert lag hier der „Viehmarkt", an dem 1879 ein neues Schulhaus eingeweiht wurde.

Nordwestteil des Lindenplatzes und Schützenstraße um 1930. Links die Glaswarenhandlung von Franz Zakostelecky, wohl Nachkomme einer böhmischen Glasmacherfamilie. Rechter Hand das „Hotel Deutsches Haus". Die in zurückliegenden Jahrhunderten als „Judengasse" (1651) bzw. „Jüdenstraße" (1879) bezeugte Schützenstraße (im Hintergrund) verlief früher durch das „Juden-Viertel" (1756), in dem wahrscheinlich schon unter Heinrich dem Erlauchten Juden ansässig wurden.

Die Wilhelm-Pieck-Straße 1955. Auf dem Marktplatz sind Losungen anläßlich der 5. Weltfestspiele in Warschau aufgestellt. Am Rathausgiebel ist noch die Überdachung eines bereits entfernten sogenannten Nagelkreuzes für Opfer des Ersten Weltkriegs vorhanden. Zugunsten von Kriegswitwen u.a. Betroffenen konnte eine Spende entrichtet und dafür auf einem vorgezeichneten Eisernen Kreuz ein Nagel eingeschlagen werden.

Das Bollwerk um 1920. Ein Fachwort des Uferbaus (älter Bohlwerk, d.h. schützende Bohlenwand am Ufer, Kai) enthält der seit 1906 amtliche Straßenname „Am Bollwerk“. Zu Fuß ist dieser Anlege- und Ladeplatz des Oder-Spree-Kanals u.a. von der Königstraße (über einen Abstieg am Brauhaushebbel) und von der Oderstraße (über die sogenannte „Himmelsleiter“, eine steile Treppe) zu erreichen.

Eine Aufnahme vom Bollwerk aus den sechziger Jahren. Im Vordergrund ein schwimmender Bootsschuppen des Wasser- und Schiffahrtsamtes. Damals lagen hier noch Schiffe vor Anker, heute sind die eingerammten mächtigen Dalben verwaist. Im Jahre 1937 wohnten am Bollwerk 21 Familien, die mit der Schiffahrt ihren Lebensunterhalt bestritten.

Die Wallstraße im früheren Töpferviertel um 1985. Bereits im 18. Jahrhundert lebten hier kaum noch Tonwarenhersteller, 1715 und 1786 jeweils nur zwei. Der Herr mit Fahrrad, Max Reschke (*1906), ist von Beruf Töpfermeister. Er stellte jedoch keine Tontöpfe mehr her, sondern setzte Öfen. Auf dem am Anfang des 19. Jahrhunderts eingeebneten Stadtwall erbaut, läßt die äußere Häuserzeile der Wallstraße noch gut den Verlauf der Wallanlage erkennen.

Eine namenlose gepflasterte Gasse zwischen Oder- und Kietzstraße in den fünfziger Jahren. Das kleine Wohnhaus rechter Hand ist inzwischen verschwunden. Links im Bild ein zweigeschossiges Gebäude der Oderstraße (Hausnummer 31), das dem Seilermeister Wenzel Teubner, dem letzten seiner Zunft, gehörte. Typisch für die Bebauung des Terrassenhangs ist die Verschachtelung der Gebäude.

3

Straßen und Brücken

Nachmittagsstimmung in der Königstraße (damals Wilhelm-Pieck-Straße) am Ende der sechziger Jahre. Sicher schon seit dem hohen Mittelalter erfüllt die Königstraße die Funktion der Hauptstraße, in die aber schon im 18. Jahrhundert keine Fernverbindung mehr einmündete. Begrenzt wurde die heute unter Denkmalschutz stehende Straße ehemals von zwei Torhäusern des Stadtwalls, dem Gubener Tor im Südwesten und dem Frankfurter Tor im Nordosten. Der älteste überlieferte Stadtgrundriß von 1756 zeigt zwei schmale, hoftorartige Stadtausgänge und die noch heute erhaltene Gitterstruktur der Straßen und Gassen, das typische ostdeutsche Kolonisationsschema. Von einem ersten Brückenschlag über die Oder, der unter Kaiser Karl IV. 1370 in Angriff genommen, aber wohl nicht vollendet wurde, rühren offenbar die 1859 und 1890 am alten Seeausgang gefundenen Eichenpfähle her. Noch unklar ist, für welche Brücke der Stadt 1544 vom böhmischen König Ferdinand I. ein Brückenzollprivileg erteilt wurde. Erst seit dem Bau des Oder-Spree-Kanals entstanden Brücken in größerer Zahl. Am Anfang der dreißiger Jahre gab es in der Stadtflur 21 Brückenbauwerke.

Die Königstraße um 1900. Zwei repräsentative Eckhäuser markieren den Eingang der Hauptstraße. Das 1895 erbaute Wohn- und Geschäftshaus der Gebrüder Schilling (rechts) weist für die damalige Zeit typische Schmuckelemente auf, die zum Teil auch an der Rathausfassade zu finden sind. Beide Häuser stehen im Bereich der früheren Gubener Vorstadt.

Häuserzeile der Königstraße um 1920. Das kleine Haus an der rechts einmündenden Wallstraße trägt die Hausnummer 62 und befand sich damals im Besitz des Kaufmanns Franz Schulz, auch „Tor-Padel" genannt. Ursprünglich bezog sich dieser Name auf eine am Gubener Tor wohnende Familie Padel. Um 1750 gab es diesen Familiennamen im Kiezviertel viermal, so daß der Beiname „Tor-Padel" verständlich wird.

Südwestabschnitt der Königstraße um 1910. Im Vordergrund links die Buchdruckerei Georg Coler, Königstraße 55. An der Kreuzung mit der Schulstraße stehen zwei Eckhäuser mit turmartigen Erkern.

Abriß eines Gebäudes in der Königstraße 4 im Jahre 1985. Bei Ausschachtungsarbeiten wurden Tonnengewölbe aus dem 16. Jahrhundert freigelegt und Reste einer bronzezeitlichen Brandbestattung aus der Zeit um 1000 vor unserer Zeitrechnung geborgen.

Die Prinz-Carolath-Straße/Ecke Wilhelmstraße um 1905. Die vormalige Schönfließer Straße wurde nach dem Gubener Landrat Prinz Heinrich zu Schoenaich-Carolath auf Amtitz (1877–1890) benannt. Den Namen Fellertstraße erhielt sie zur Erinnerung an Siegfried Fellert, einen jüdischen Mitbürger, und dessen Ehefrau Emma, die in dieser Straße wohnten und im Februar 1945 (wohl von der SS) erschossen wurden.

Blick in die Bahnhofstraße um 1955. Die Terrasse zur Linken gehört zum Hotel „Aufbau" (ehemals „Eisenbahn-Hotel"), das 1997 abgerissen wurde. Die Wechselhaftigkeit der politischen Verhältnisse brachte es mit sich, daß diese Straße innerhalb von 40 Jahren viermal umbenannt wurde: Adolf-Hitler-Straße (1933) – Bahnhofstraße (1945) – Stalinallee (1952) – und erneut Bahnhofstraße (ab 1961).

Gebäude der Bahnhofstraße um 1912: „Photographisches Atelier" Paul Bethge, Villa Thielenberg und katholische Schule mit Kirche. In der Wilhelmstraße 1 arbeitete der bekannteste Fotograf der Stadt, dem wir viele historische Fotos verdanken. Die heute denkmalgeschützte Villa in der Bahnhofstraße 72 ließ 1891 Franz Thielenberg, Direktor der Grube „Präsident", errichten. Seit 1926 praktizierte hier der Arzt Dr. Georg Hergesell.

Ein Selbstbedienungsladen für Lebensmittel in der Frankfurter Straße/Ecke Bahnhofstraße Anfang der siebziger Jahre. Bis 1945 bestand hier das Schuhgeschäft Löhder. Nach dem Krieg folgten das Elektrogeschäft Schulze, der Konfektionsladen eines zurückgekehrten Mitglieds der jüdischen Familie Fellert und ein Kunstgewerbeladen von Frau Panzegrau. Im Hintergrund die Fahrradhandlung und -reparaturwerkstatt Birkhold. Beide Häuser wurden beim Ausbau der Frankfurter Straße zu einer Umgehungsstraße abgerissen.

Blick vom Turm der Nikolaikirche in Richtung Nordosten vor 1925. Die Bogenform der Oderstraße im einstigen „Oder-Viertel“ (1756) läßt auf den Verlauf des Terrassenrandes schließen. Das vierte Haus in der rechten Häuserzeile ist die Gaststätte „Goldener Löwe“, nach der die Löwenstraße benannt wurde. Im Hintergrund sind die Schornsteine der Anilinfabrik zu sehen.

Die Frankfurter Straße um 1980. Die Häuserzeile rechter Hand wurde in den achtziger Jahren zugunsten einer breiteren Umgehungsstraße entfernt, womit zugleich Platz für den jetzigen Parkplatz geschaffen war. Im Hintergrund das Eckhaus der „Foto-Drogerie“ Heinz Boche, früher „Reichsadler-Drogerie“ von dessen Vater Otto Boche (heute „Foto-Leeder“).

Eine Straßenzeile der Josef-Schreiber-Straße (seit 1935 Glashüttenstraße) Anfang der dreißiger Jahre. In diesen Wohnhäusern der Glashütte bekamen viele böhmische Fachkräfte eine mietgünstige Werkwohnung mit Nebengelaß und Garten. Alle sieben Häuser sind nach Ehefrauen und Töchtern ehemaliger Glashüttenbesitzer benannt, z.B. „Haus Agnes“ (weitere Namen 1923: Sophie, Adele, Antonie, Emilie, Klara, Emma). Josef Schreiber besaß mehrere Glashütten und kaufte 1880 den Fürstenberger Betrieb.

Blick vom Deich des Oder-Spree-Kanals zur alten Deichbrücke am Anfang des Jahrhunderts. Zeitgleich mit dem Kanal vollendet, stellte diese Brücke bis 1931 die Verbindung zur Oberen Aue und zur Oderbrücke her. Ihr Standort lag bei Kanal-Kilometer 129,3; technische Daten: Länge 20 m, Durchfahrtsbreite 16 m, maximale Durchfahrtshöhe bei Normalwasser 8 m.

Die 1931 dem Verkehr übergebene neue Deichbrücke über den Oder-Spree-Kanal um 1940. Am 20. September 1931 wurde der 250 t schwere Brückenbogen bei Kanal-Kilometer 129,2 eingeschwommen; technische Daten: Länge 97,5 m, Durchfahrtsbreite 54,9 m, maximale Durchfahrtshöhe bei Normalwasser 11,48 m, Tragfähigkeit ca. 25 t.

Stadt und Mündungsstrecke des Oder-Spree-Kanals mit neuer Deichbrücke auf einem Luftbild der dreißiger Jahre.

Die am 23. April 1945 von einem deutschen Kommando gesprengte Deichbrücke kurz nach der Zerstörung. Ein halbes Jahrhundert sollte vergehen, ehe an derselben Stelle wiederum eine Brücke errichtet wurde, die am 17. August 1996 feierlich eingeweihte dritte Deichbrücke; technische Daten: Gesamtstützweite 97,5 m; Bogenhöhe 8,9 m; Fahrbahnbreite 5,5 m; Tragfähigkeit 30 t.

Die handbetriebene Seilfähre unterhalb der 1945 gesprengten neuen Deichbrücke (1947). Schulklassen setzen zu Maifeierlichkeiten im Stadion über. Bis zum 28. Juni 1996 bestand diese Fährverbindung, die zuletzt jährlich von ca. 15.000 Personen zu einer kostenlosen Überfahrt und früher auch zum Übersetzen von Autos benutzt wurde. Mit Einstellung des Fährbetriebs ging für manchen ein Stück Romantik verloren. Bei dem verwahrlosten Gebäude im Hintergrund handelt es sich um das nach 1945 abgebrannte Ruderhaus.

Unterschleusenbrücke über den Oder-Spree-Kanal in den dreißiger Jahren. Die 1889 dem Verkehr übergebene Straßenbrücke steht bei Kanal-Kilometer 128,3; technische Daten: Länge 74 m; Tiefe zum Wasserspiegel 9,5 m; Fahrbahnbreite ca. 5,75 m; Tragfähigkeit 5 t.

Die 1890 errichtete Eisenbahnbrücke über den Oder-Spree-Kanal östlich der Unterschleuse in den zwanziger Jahren. Die Brücke wurde 1945 von den deutschen Truppen gesprengt. Der Notverkehr erfolgte über eine sowjetische Pionierbrücke aus Holz. Am 25. Februar 1952 fand die Probebelastung der neuen Stahlkonstruktion mit vier Lokomotiven der Baureihe 43 statt.

Eisenbahnbrücke über den unteren Vorhafen der Zwillingsschachtschleuse um 1935. Sie wurde am 20. März 1927 nach vorangegangener Probebelastung mit vier der schwersten Schnellzuglokomotiven dem Eisenbahnverkehr übergeben. Die 700 t schwere Eisenkonstruktion mit einer Spannweite von 80 m war von der Firma August Klönne in Dortmund hergestellt worden.

Die Oderbrücke bei Oder-Kilometer 552,2 – die größte Fürstenberger Brücke – in den dreißiger Jahren. Ihre Eisen-Beton-Konstruktion überspannte mit 12 Bögen, die von zwei großen und elf kleinen Betonpfeilern getragen wurden, den Fluß und sein Vorland auf einer Länge von 626,3 m.

Durchfahrt der Oderbrücke in den zwanziger Jahren. Die Durchfahrtsbreite betrug 101 m, die Durchfahrtshöhe bei Normalwasser 11,05 m, die Tragfähigkeit 30 t. Im Jahre 1934 passierten rund 22.000 Wasserfahrzeuge die Brücke. Die Entwicklung der Dampfschiffahrt und der Umbau der drei Fürstenberger Schleusen zu Doppelschleusen hatten den Durchgangsverkehr auf dem Kanal derart beschleunigt, daß die städtischen Einnahmen aus „Schiffahrtskreisen" beträchtlich gesunken waren. Mit dem Bau dieser Brücke, der 1871, etwa 500 Jahre nach dem unter Kaiser Karl IV. in Angriff genommenen Brückenschlag, beantragt wurde, hoffte man dem wirtschaftlichen Niedergang zu begegnen und die Entwicklung Fürstenbergs zu einem regionalen Wirtschaftszentrum voranzutreiben. Jedoch sollte noch viel Wasser die Oder hinabfließen, bis der Bau von 1914 bis 1919 mit einem Kostenaufwand von rund 1,47 Millionen Reichsmark ausgeführt werden konnte. Und nur 26 Jahre sollten dem imposanten Bauwerk, aus dem die Stadt und viele Orte diesseits und jenseits des Flusses großen Nutzen zogen, beschieden sein: Am 4. Februar 1945 wurde es vom Baupionier Justus Jürgensen aus Crossen, der dabei sein Leben ließ, gesprengt. Bis zum 12. September 1919, dem Tag der Brückeneinweihung, bestand eine Fährverbindung über den Fluß. Bereits 1335 werden eine Fähre der Stadt und Fährleute urkundlich erwähnt.

4

Der Oder-Spree-Kanal

Oder-Spree-Kanal mit Zwillingsschachtschleuse 1930. Das Luftbild vermittelt einen Eindruck von den gewaltigen Wasserbaumaßnahmen bei der Schaffung des neuen Abstiegs. Der von 1886 bis 1890 angelegte alte Wasserweg überwand den 12 bis 13 m betragenden Höhenunterschied zwischen Kanal und Oder mit Hilfe einer dreistufigen Schleusentreppe, der Ober-, Mittel- und Unterschleuse, die zunächst nur mit einer Schleusenkammer ausgestattet waren und später zu Doppelschleusen erweitert wurden. Als diese Abstiegswerke den gewachsenen Verkehrsansprüchen nicht mehr genügten und zudem baufällig geworden waren, ersetzte man die 4 km lange Schleusentreppe durch ein neues Kanalstück mit nur einem Abstiegsbauwerk, der abgebildeten Zwillingsschachtschleuse. Ab 1924 wurde die Schleusenanlage mit ihren 130 m langen und 12 m breiten Kammern erbaut und am 1. November 1929 in Betrieb genommen. Die ersten geschleusten Schiffe waren ein Schraubendampfer der „Dampfer-Genossenschaft Deutscher Strom- und Binnenschiffer e.G.m.b.H." Fürstenberg (Oder) und ein mit 500 t Kohle beladener Breslauer-Maß-Kahn des Fürstenberger Schiffseigners Hermann Scharne.

Die Oberschleuse des Oder-Spree-Kanals mit Blick auf das Schiffer- und Ausflugslokal Mattke um 1910. Sie bildete die erste Stufe des alten dreistufigen Kanalabstiegs bei Fürstenberg, der 1891 von 4.453 Schiffen und 1899 von 15.948 Schiffen durchfahren wurde. Ihre mittlere Fallhöhe betrug 4,16 m.

Inbetriebnahme der neuen Mittelschleuse am 22. September 1906. Von 1903 bis 1906 wurden die drei Fürstenberger Schleusen zu Doppelschleusen umgebaut. Diese zweite Schleusenstufe hatte ebenfalls eine mittlere Fallhöhe von 4,16 m.

Unterer Vorhafen der Mittelschleuse um 1907. Seit Anfang der achtziger Jahre ist ein angrenzendes neues Wohngebiet nach ihr benannt. Ganz in der Nähe der inzwischen zugeschütteten Schleusenanlage liegt die Gaststätte „Zur Mittelschleuse".

Die Unterschleuse um 1910. Mit Hilfe dieser letzten Staustufe überwanden die Schiffer 3,80 m Höhenunterschied bis zum Wasserspiegelniveau der Oder. Im Hintergrund überspannt die Eisenbahnbrücke der Bahnlinie Frankfurt (Oder)–Guben den Oder-Spree-Kanal. Unweit der Schleuse gab es schon damals eine Gaststätte „Zur Unterschleuse".

Ein Baggerschiff im Einsatz auf dem Oder-Spree-Kanal (1921). Von Ende April 1921 bis zum 11. Mai 1922 wurden Prähme mit einem Naßbagger beladen und insgesamt 237.000 Kubikmeter ausgebaggerten Bodens zur Auffüllung auf das spätere Fürstenberger Stadiongelände gespült.

Schlamm aus dem Kanal ergießt sich auf das Stadiongelände (1921). Am 15. August 1926 fand die feierliche Einweihung des damals von Dr. Carl Diem, Generalsekretär des Deutschen Reichsausschusses für Leibesübungen, als mustergültig bezeichneten Stadions statt.

Ausbaggerungsarbeiten am neuen Schleusenabstieg in der Mitte der zwanziger Jahre. 1919 wurde mit Ausschachtungsarbeiten für das neue Kanalbett und 1924 mit der Errichtung der Zwillingsschachtschleuse nördlich des alten Kanals begonnen.

Die Zwillingsschachtschleuse um 1935. In die nördliche Schleusenkammer ist ein Frachtschiff eingefahren. Eine Schleusung in dieser noch heute hervorragenden ingenieurtechnischen Anlage dauert 25 bis 30 Minuten.

Blick vom Kirchturm in Richtung Südwesten um 1940. In diesem Kanalabschnitt erstreckte sich ursprünglich der Fürstenberger See, der nach 1850 in östlicher Richtung verlängert wurde. Im Hintergrund ist links der alte Kanal, rechts die Zwillingsschachtschleuse zu erkennen.

Der innere Hafen des Oder-Spree-Kanals in den dreißiger Jahren. Die Aufnahme läßt die immense wirtschaftliche Bedeutung des Kanals erahnen. Über Fürstenberg liefen 1912 ca. 4,5 Mio. t und 1935 „nur“ 2,6 Mio. t Güter.

5

Stadt der Ackerbürger, Fischer und Schiffer

Der Oder-Spree-Kanal oberhalb der früheren Oberschleuse um 1975. Im Hintergrund der 1940 bis 1942 erbaute Getreidespeicher. Jahrhundertelang wurde das städtische Wirtschaftsleben von Ackerbau und Viehzucht sowie vom Handwerk dominiert. Im Zuge der Industrialisierung ging die Zahl der Ackerbürger stark zurück, so daß es schon 1895 nur noch 50 Landwirtschafttreibende gab. In der Folgezeit wurde die Landwirtschaft für immer mehr Bürger zu einem Nebenerwerb. Mit dem Bürgerrecht war die Fischereiberechtigung für die Oder verbunden. Das Befischen des Fürstenberger Sees hingegen blieb den vom Kloster besonders privilegierten Fischzeidlern vorbehalten. Erst um 1850 rechnete man auch die Schiffahrt zu den Hauptnahrungsquellen der Bürger. Nach Eröffnung des Oder-Spree-Kanals siedelten sich viele Schifffahrtsunternehmen an, so daß man Fürstenberg zu Recht als Schifferstadt bezeichnen konnte, obwohl Schiffer in der Berufsstruktur der Stadt nicht überwogen. „Im Wirtschaftsleben der Stadt herrscht die Schiffahrt vor", schätzte Bürgermeister Pritzsche 1924 ein. Damit maß er diesem Wirtschaftszweig eine größere Bedeutung zu als den beiden Glashütten.

Auf dem Güterbahnhof in den zwanziger Jahren. Von einem Eisenbahnwaggon werden Ziegelsteine auf ein Pferdefuhrwerk umgeladen. Mit regelmäßigen Lohnfuhren sichert sich Ackerbürger Richard Schenk einen Zusatzverdienst.

Ackerbürger Ewald Finke 1959 bei der Roggenmahd vor dem Kanaldamm in Höhe der Werft. Für das Auengebiet südlich des früheren Fürstenberger Sees hat sich bei alten Fürstenbergern bis heute der Flurname „Übern See“ gehalten.

Blick vom alten Schöpfwerk auf den Kiez um 1910. Der 1411 erstmals erwähnte Stadtteil ist aus einer Fischersiedlung des Klosters Neuzelle hervorgegangen. „Uf dem kyße vor Forstenberg" saßen um 1420 sechs Fischer, die „uff dem Cloppot" (d. h. Fürstenberger See) fischten und dem Kloster zusammen jährlich ein Schock Groschen entrichteten.

Die „Kietzstraße", eine Gasse im Kiez, um 1935. Typisch für diesen Stadtteil unterhalb der Kirche, von der nur das Dach sichtbar ist, sind die kleinen Häuschen, in denen früher vornehmlich Fischer und Schiffer wohnten.

Giebelständige Wohnhäuser im Kiez in den dreißiger Jahren. Leider ist diese alte Hausanordnung inzwischen verschwunden.

Stimmungsvoller Ausblick auf die Stadt von Südwesten um 1908. In einer Ausbuchtung des Oder-Spree-Kanals beim alten Pumpwerk hängen Fischernetze.

Die Fischerinnung mit Innungslade und Fanggerät 1925. Das Recht zum Befischen der Oder teilten sich bis zum vorigen Jahrhundert Bürger und Fischerinnung. 1804 zählte die Innung 42 Mitglieder, die ihren Lebensunterhalt durch Fischerei verdienten. Bereits 1781 waren die Einkünfte der Fischermeister so gering, daß viele „ihr Brot in anderen Landen auf der Schiffarth" suchten.

Ein Fischer mit seinem Fang in den dreißiger Jahren. Zu den größten Fischen der Oder gehörten die schon im Mittelalter besonders registrierten Störe und Lachse. Störe wurden von Fürstenberger Fischern noch um 1800 in größerer Zahl, später immer seltener gefangen. Die letzten Lachsfänge sind bisher für 1843 und 1847 nachgewiesen. Im Jahre 1923 wurde das Fischerhandwerk von 19 und 1937 noch von 8 Bürgern ausgeübt.

Ewald Klauke (1894–1990), ein Fürstenberger Schiffer in der vierten Generation. Als 14jähriger wurde er Schiffsjunge beim Vater, mit 25 übernahm er den ersten eigenen Kahn, und im Alter von 34 Jahren erwarb er das Motorschiff „Preußen“.

Das Verwaltungsgebäude der „Dampfer-Genossenschaft Deutscher Strom- und Binnenschiffer e.G.m.b.H.“ um 1940. Am 1. April 1902 wurde die Betriebsleitung der Genossenschaft von Berlin nach Fürstenberg verlegt und später am Bollwerk 6 dieses Haus erworben.

Zigarrenladen von Johannes Rodemann in der Löwenstraße 4 um 1910. Das mit Schifffahrtsmotiven geschmückte Jugendstilgebäude gehörte dem langjährigen Direktor der Dampfergenossenschaft Carl Reiche. Er ließ es 1906 als Wohnhaus erbauen. In dem seit 1977 rekonstruierten Gebäude wurde am 6. Dezember 1980 das Städtische Museum Eisenhüttenstadt eröffnet.

Die Ansichtskarte aus dem Jahre 1918 zeigt den vollgebunkerten Schleppdampfer „Helgoland" vor dem Direktionsgebäude der „Berlin-Fürstenberger Schleppvereinigung G.m.b.H." in der Nähe des Neuen Hafens (Am Kanal 31).

Umschlag- und Lagerplatz der „Schlesischen Dampfer-Compagnie Berliner Lloyd AG“ am Oder-Spree-Kanal in den dreißiger Jahren.

Derselbe Betrieb in den Seebergen, um 1935 aus Richtung Südosten aufgenommen. Die zahlreichen Dampfer und Lastkähne zeigen an, daß hier reger Umschlagverkehr herrschte.

Blick über den Oder-Spree-Kanal in Richtung Bollwerk um 1900. Die alten Oderkähne wurden noch aus Holzplanken gebaut.

Schleppkähne liegen unweit der Kanalmündung vor Anker (um 1910). Damals wurde teilweise noch gesegelt und getreidelt. 1905 gab es in Fürstenberg 14 Segelschiffsbetriebe (d. h. Betriebe mit Segel-, Stak- und Schleppkähnen) sowie 6 Eigner von Fracht- und Schleppdampfern.

Der 1898 in Übigau erbaute Seitenraddampfer „CW V“ um 1905. Das W an den Schornsteinen weist ihn als ein Schiff der Reederei Caesar Wollheim (Breslau) aus, die nach dem Adreßbuch von 1937 im „Oderschlößchen“ am Bollwerk 15 (im Hintergrund) eine Niederlassung besaß.

Schiffsverkehr auf dem Oder-Spree-Kanal unterhalb der alten Deichbrücke um die Jahrhundertwende.

Übernahme des auf der Werft von Cäsar Wollheim (Breslau) erbauten Heckradschleppdampfers „Nordwest" durch die „Dampfer-Genossenschaft Deutscher Strom- und Binnenschiffer e.G.m.b.H." Fürstenberg 1928. Kapitän Paul Kliemke (mit weißer Mütze) war seit 1903 Mitglied dieser Genossenschaft. Ab 1945 fuhr das Schiff als „Jenissej" für die sowjetische Reederei und ab 1953 für die DDR. 1967 wurde der legendäre Oderdampfer außer Dienst gestellt.

Der Dampfer „Südost" in den zwanziger Jahren. Das Schiff mit 350 PS und einer Schleppleistung von 800 Ladungstonnen wurde 1891 von den Stettiner Oderwerken für die Fürstenberger Dampfergenossenschaft gebaut.

Kanalabschnitt in Höhe des Bollwerks um 1940. Die Wasserstraße wird fast in ihrer ganzen Breite von ankernden Schiffen eingenommen.

Der 330-PS-Seitenraddampfer „Stadt Fuerstenberg a/O." um 1905. Er wurde 1891 in Danzig für die „Fürstenberger Dampfer-Compagnie" erbaut. Mit dem Namen unserer Stadt fuhren noch zwei weitere Dampfer: ein Zug-Schleppdampfer von 1922 bis 1965 auf der Oder sowie ein Zweischrauben-Güterdampfer ab 1914 auf der Oder und von 1945 bis 1951 auf dem Rhein.

Schiffsverkehr und ankernde Schiffe auf dem unteren Kanal in den dreißiger Jahren.

Ein Dampfer schleppt Kähne in Richtung Oder (um 1935).

Ein Heckraddampfer durchfährt den Oder-Spree-Kanal in Richtung Oder (1938). Vor dem Passieren der Deichbrücke werden die Schornsteine angekippt. Zu den bekanntesten Vertretern dieser überwiegend bei Caesar Wollheim in Breslau gebauten Schiffsklasse gehörten die Dampfer „Direktor Cuno“ und „Friedrich der Große“.

Blick von der Schönfließer Brücke auf den Dampferhafen um 1960. Die Fleischerei Vogt (rechts im Bild, später Strempek und jetzt Lubasch) versorgte zunächst die Schiffer und einige Anwohner. Nach dem Kriege war sie für Fürstenberg und Umgebung lange Zeit der einzige Schlachtbetrieb.

6

Handwerk und Geschäftsleben

Droschken auf dem Bahnhofsvorplatz 1933. Hauptsächlich wurde über die Oder, nach Kloppitz, Rampitz, Siebenbeuthen, Ziebingen und Crossen, gefahren. Viele Schiffer nutzten in Fürstenberg die Gelegenheit, zu Hause schnell einmal nach dem Rechten zu sehen. Das hintere Auto, ein „Adler" (Baujahr 1930) von Georg Schenk, ist heute noch fahrtüchtig und nahm 1996 am Umzug der Bürgervereinigung „Fürstenberg" e.V. zur Eröffnung der neuen Deichbrücke teil. Das Geschäftsleben der Stadt wurde von jeher durch das örtliche Handwerk geprägt. Aus heutiger Sicht überrascht die zahlenmäßige Stärke mancher Berufe in einer Stadt, die in der Mitte des 18. Jahrhunderts nur etwa 1.000 Einwohner gezählt haben dürfte (1803: 1.389 Einwohner). So waren 1715 u.a. vertreten: 36 Schuhmacher, 17 Bäcker, je 14 Böttcher, Fischer und Schneider. Bis 1786 erhöhte sich die Zahl der Schuhmacher auf 86 und bis 1814 gar auf 110. Die Industrialisierung eröffnete den Fürstenbergern neue Erwerbsmöglichkeiten, z.B. als Glasmacher, Schiffbauer – später auch als Fahrradhändler und Taxichauffeur.

Im Fotoatelier Franz Cyrani in der Bahnhofstraße wurde dieses Bild um 1890 aufgenommen. Es zeigt die Familie des Tischlermeisters Carl Krüger vom Lindenplatz 2. Der Sohn (*1888) ist der spätere Tischlermeister Max Krüger, dessen Schwiegersohn Willi Olschewski aus Ostpreußen die Tischlerei später übernahm.

Blick vom Roßplatz in Richtung Kirche um 1933. Man erkennt rechts das bekannte Möbelhaus Max Nain (Gubener Straße 1) und ganz links das Haus des Kürschnermeisters Ernst Finke in der Königstraße 1. Das gegenüberliegende Geschäft von Emma Schilling trug mit Nr. 66 die höchste Hausnummer der Königstraße.

Die „Germania Drogerie“ und Fotohandlung von Hermann Müller in der Königstraße 5 im Jahre 1940. Im Nebengebäude befand sich die Geschäftsstelle des „Kreis-Anzeigers für den Landkreis Guben“.

Eisenwarenhandlung Curt Max Müller, Königstraße 56, 1935. Im Jahre 1883 von Paul Müller in der Oderstraße gegründet, wurde das Geschäft von Sohn Curt ab 1913 in der Königstraße weitergeführt. Bis 1984 stand die jüngere Tochter Curt Müllers, Käte verehelichte Piefke, dem Geschäft vor.

Eine Aufnahme von etwa 1910. In der Schulstraße 5 befand sich die Kunst-, Bau- und Geldschrankschlosserei von Gustav Padel. Auch mit Fahrrädern wurde bereits gehandelt.

Dasselbe Haus 1915 nach dem Umbau.

Wohn- und Geschäftshaus in der Königstraße 12 um 1935. Das Gebäude beherbergte damals das Kurz-, Weiß- und Wollwarengeschäft der Geschwister Gast und Buchholz und das Zigarrengeschäft von Willi Krüger. Vom neuen Besitzer Hartwig Reiche wurde es später umgebaut.

Das Putzgeschäft der Geschwister Elise und Lina Fischer in der Königstraße 37 am Anfang der dreißiger Jahre.

Wohn- und Geschäftshaus von Emil Bergmann, Königstraße 54, im Jahre 1912. Für sein Manufaktur- und Modewarengeschäft warb der Geschäftsinhaber mit Slogans wie: „Als billig, schic und elegant sind Bergmanns Kleider weltbekannt." Das Haus lag zwischen dem Brauhaus Kahlisch (heute Gaststätte „Stadtmitte") und der Buch- und Zeitungsdruckerei von Georg Coler, der ab 1882 die „Fürstenberger Zeitung" herausgab. Es brannte 1945 aus und wurde abgerissen.

Die Bau- und Möbeltischlerei Karge 1915. Am 5. Januar 1896 hatte Paul Karge seine Tischlerei eröffnet, die er 1930 an seinen Sohn Max weitergab. Dessen Nachfolge trat 1958 Sohn Martin Karge an.

Die westlich der Buchwaldstraße gelegene Bockwindmühle von August Kranz (rechts) um 1918. Der Mahlbetrieb arbeitete bis 1945 und brannte nach Beschuß ab. Eine ältere Windmühle (nördlich des späteren Wasserturms) befand sich 1815 im Besitz des Müllers Gottfried Dantschke, während damals auf der „Schrabizschen Mühle“, einer bereits im Mittelalter angelegten Wassermühle an der Lawitzer Grenze, ein Johann Gottlob Ferchland saß.

Die dritte Fürstenberger Mühlengeneration: Dampfmühle von Max Kranz in der Prinz-Carolath-Straße 57 um 1920. Vor der Mühle stehen dessen Frau Anna Kranz (Mitte) und links der Müllergeselle Paul Kunert.

Die 1925 umgebaute Dampfmühle von Max Kranz (erster von links) im Jahre 1928. Durch den Umbau hatte sich das Leistungsvermögen der Mühle verdreifacht. Ab 1937 befand sich der Betrieb im Besitz von Gustav Padel.

Wohn- und Geschäftshaus des „Konsum-Vereins Fürstenberg a/O.", Bahnhofstraße 24, in den zwanziger Jahren. Der 1905 gegründete Verein zählte 1930 2.407 Mitglieder. Wie alle Konsumvereine wurde er im Dritten Reich aufgelöst und durch eine Verbrauchergenossenschaft ersetzt. Im selben Gebäude eröffnete die Konsumgenossenschaft nach 1945 wieder ein Geschäft.

Schmiedemeister und Ackerbürger Emil Zedlitz mit Eselskarren vor seiner Werkstatt in der Roßstraße 11 um 1920. Wie manch anderer Einwohner der Stadt betrieb auch er die Landwirtschaft nebenher, und zwar auf einer Nutzfläche von etwa 15 Morgen.

Die Fleischerdynastie Karl Raymund 1928 vor ihrem Geschäft in der Gubener Straße 119; von links: Hedwig Raymund (Tochter), Hedwig Raymund (Mutter), Karl Raymund (Vater), Karl Raymund (Sohn), siebter von links Johannes Raymund.

Eine Aufnahme aus dem Jahre 1919. Erich Finke (zweiter von links), genannt „Pelzchenklopper", vor seinem Kürschnerwarengeschäft in der Königstraße 1. Heute befindet sich hier das Sportgeschäft von Rainer Henners.

Weidenschälen in den dreißiger Jahren. In Fürstenberg gab es seit 1858 eine Korbmacherinnung. Ihr gehörten um 1900 60 Korbmachermeister an, die 200 Lehrlinge beschäftigten. Ab 1904 wurde in Fürstenberg überwiegend die in der Oderniederung gezüchtete Amerikaweide verarbeitet, so daß sich in der Schälsaison Hausfrauen, Jugendliche und auch Schulkinder bei den Korbmachern ein Zubrot verdienen konnten.

Saisonkräfte des Korbmachermeisters Wilhelm Löwenberg um 1930 bei der Arbeit. Auf den sogenannten „Feldern" hinter der Platanenallee 2 werden die in Bassins gereiften Weiden geschält, verzogen und zum Trocknen ausgelegt.

Die Korbwarenfabrik Wilhelm Löwenberg, Platanenallee 2, Mitte der dreißiger Jahre. Auf dem Bassin stehen Fürstenberger Qualitätsprodukte, ein Reisekorb und zwei Waschkörbe, hergestellt aus geschälten Weiden. Wegen der besseren Arbeitsorganisation und höheren Produktivität konnte man zu Recht von einer fabrikmäßigen Herstellung sprechen, obwohl alle Korbwaren in Handarbeit gefertigt wurden.

Die 1921 an der Schönfließer Chaussee errichtete Korbwarenfabrik in den zwanziger Jahren. Vor allem mit seinen anspruchsvollen Weißwaren profilierte sich Fürstenberg seit der Jahrhundertwende zu einem der Korbmacherzentren Deutschlands.

Altmeister des Korbmacherhandwerks und ihr Nachwuchs 1958. Am 29./30. September 1958 bestanden die Gesellen Mierke, Bader, Fitsch und Matuschke (stehend, von links) vor dem Meisterausschuß der Korbmacherinnung (von links: Bredereck, Mierke, Thiele, Jurasch, Paul) erfolgreich ihre Meisterprüfung. Die Meisterstücke waren in Fürstenberg traditionell Stubenholzkörbe aus geschälten Weiden.

Der langjährige Meister der Fürstenberger Korbmacherinnung Max Mierke (1907–1990) mit einer typischen Kollektion von Fürstenberger Korbwaren in den siebziger Jahren.

Erich Finke, Inhaber einer Kürschnerei und eines Herrenartikel-Spezialgeschäfts, mit Ehefrau und seinen beiden Kindern im neuerbauten Haus, Königstraße 3, um 1940.

Fuhrunternehmer Max Koch (1915-1978) mit seinem Leichenwagen in den fünfziger Jahren neben der Begräbniskirche. Im Jahre 1923 gab es in Fürstenberg 12 Fuhrwerks- und 4 Droschkenbesitzer, darunter die Mutter Max Kochs, die als einzige über einen Leichenwagen verfügte.

Die Steinbildhauerei, Grabdenkmal- und Kunststeinfabrik von Hermann Opitz in der Prinz-Carolath-Straße 31 (heute Fellertstraße) im Jahre 1913. Aus den unteren Fenstern schauen heraus: Marie Opitz, die Frau des Besitzers, und ihre Kinder Erna und Erich Opitz, der spätere Steinmetzmeister (†1975).

7

Industrieller Aufschwung und städtische Entwicklung

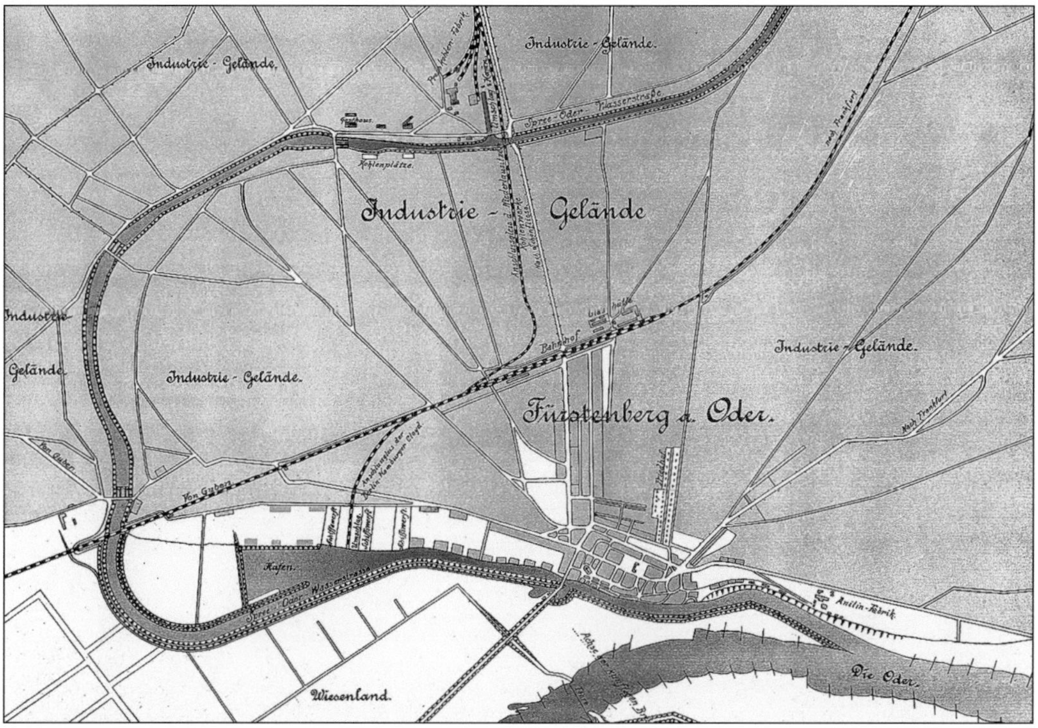

Industriestandort Fürstenberg 1911/12. Mit dieser Karte (Original 40x30 cm, koloriert), die das im Zeitraum von über sechs Jahrzehnten gewachsene Industriepotential und verfügbares Industriegelände ausweist, sowie einem informativen Werbetext bemühten sich der Magistrat und der örtliche Verkehrsverein damals um Investoren. Als günstige Standortfaktoren werden u.a. genannt: sehr gute Baugrund- und Wasserverhältnisse, eine gute Verkehrslage (Eisenbahnanschluß, Schiffahrtsknotenpunkt), der Umschlagverkehr des für 400 Schiffe ausgebauten inneren Hafens (mit Eilgutbeförderung durch Eildampfer des „Berliner Lloyd"), die Präsenz von Schiffahrtsunternehmen („Dampfer-Genossenschaft Deutscher Strom- und Binnenschiffer", „Fürstenberger Dampfer-Kompagnie", diverse Einzelreeder), bereits vorhandene Industriebetriebe (z.B. Kahnbauwerften, Ankerschmieden, Schönfließer Braunkohlengrube, Brikett-, Anilinfabrik, Glashütte) und „bedeutende Korbwarenindustrie". Auch auf die Attraktivität des Wohnstandortes mit billigen „Wohnungs-Verhältnissen", öffentlichen Gebäuden und Einrichtungen (Gasanstalt, modernes Krankenhaus, Amtsgericht, Schiffer-, Fortbildungsschule u.a.) und Möglichkeiten zur Freizeitgestaltung (Flußbadeanstalt, Turn-, Ruder- und Segelsport, Jagd, Fischerei u.a.) wird hingewiesen. Die Einwohnerzahl war auf etwa 6.500 angestiegen und hatte sich damit gegenüber 1850 um mehr als das Dreifache erhöht.

Bahnhof Fürstenberg um 1910. Am 1. September 1846 eröffnete die Niederschlesisch-Märkische Eisenbahngesellschaft die direkte Bahnverbindung Berlin–Breslau, an die Fürstenberg zunächst durch eine – etwa 1 km westlich der Stadt gelegene – Haltestelle angeschlossen war. Das erste Empfangsgebäude (im Hintergrund) wurde 1848 eingeweiht. In nachfolgenden Jahren dehnte sich die Stadt in Richtung Bahnhof aus, in dessen Nähe 1864 eine Glashütte (links) gegründet wurde.

Das zweite Empfangsgebäude des Bahnhofs in den dreißiger Jahren. Es wurde 1908 nach einem Projekt der Posener Königlichen Eisenbahndirektion gebaut. An der Straßenfront fällt ein Turm auf, der als Wasserspeicher für die Lokomotiven diente.

Der „Karoloschacht“ der Braunkohlengrube „Präsident“ um 1920. Am 5. Dezember 1857 schlossen sich der Apotheker G.A. Thielenberg und der Kaufmann Th.F. Berndt (Fürstenberg) sowie der Oberamtmann C.F. Müller (Steinsdorf) und der Fabrikant A. Feller (Guben) zur ersten Bergbaugesellschaft zusammen, die sich 1858 den Namen „Präsident“ zulegte. In der 1927 geschlossenen Grube wurde von 1947 bis 1952 noch einmal Kohle gefördert.

Die Maschinenfabrik und Ankerschmiede Albert Siebert in den Seebergen 6-7 feierte 1998 ihr 150jähriges Firmenjubiläum. Das 1909/10 vom Fotografen Dietrich aufgenommene Foto zeigt die Arbeiterschaft und drei Unternehmergenerationen (zweiter von links Urgroßvater Albert Louis Siebert, rechts Großvater Albert Bernhard Siebert, unten Mitte Albert Siebert, Vater des heutigen Unternehmers Horst Siebert) mit allen in der Firma hergestellten Erzeugnissen, darunter Anker und Winden.

Arbeiter der Schiffsschmiede Otto Kietzke, Am Bollwerk 4, in den dreißiger Jahren vor ihrer Werkstatt. Im Vordergrund steht ein großer Vierflunkenanker. Insgesamt gab es in Fürstenberg damals sechs Schmiede- bzw. Schiffsschmiedemeister .

Die 1864 eröffnete erste Fürstenberger Glashütte auf einem Briefkopf (idealisierte Darstellung, vor 1916). Erste Besitzer waren der Kaufmann Th.F. Berndt aus Fürstenberg (Oder) und der Bergwerksexperte F. Neumann. Nach dem Zweiten Weltkrieg firmierte der Betrieb als „VEB Brandenburg, Vereinigte Lausitzer Glaswerke AG Fürstenberg/O." und produzierte bis 1952 (zuletzt als „VEB Glaswerk Fürstenberg/O.") Beleuchtungs- und Wirtschaftsglas.

Teilansicht der Glashütte aus Richtung Osten in den zwanziger Jahren. 1880 wurde der Betrieb von „J. Schreiber & Neffen“ Glashüttenwerke Wien gekauft. Diese Firma, die 1886 in Fürstenberg 160-180 Arbeiter beschäftigte, besaß Niederlassungen in Böhmen, Mähren, Ungarn, Deutschland, England und Ägypten.

Die „Neue Hütte“ in den zwanziger Jahren des 20. Jahrhunderts, vom Bahnhof aus fotografiert. Wegen Erhöhung der Einfuhrzölle in England, Hauptabnehmer der Glaserzeugnisse, mußte die 1922 eröffnete zweite Fürstenberger Glashütte bereits 1932 Konkurs anmelden.

Belegschaftsmitglieder der Glashütte um die Jahrhundertwende. Es fallen die vielen jugendlichen Arbeitskräfte auf, die oftmals Kinder der Glashüttenarbeiter waren.

Glasofen mit Belegschaft im Jahre 1910.

Glasmacher bei der Arbeit in den dreißiger Jahren. Mit der Pfeife wurden die Hohlgläser in Holzformen, die von Glasmachergehilfen gehalten wurden, ausgeblasen und geformt. Dann wurden sie zur Abkühlung gebracht. Für diese schwere körperliche Arbeit unter ständiger Hitzeeinwirkung bekam der Glasmacher 1892 einen Tageslohn von 3,50 Mark, der Glasmachergehilfe erhielt 2,00 Mark und eine Arbeiterin 1,20 Mark.

Die Tätosinwerke um 1915. Sie lagen am Oder-Spree-Kanal südöstlich der Schönfließer Brücke und stellten verschiedene Mehlsorten und andere landwirtschaftliche Produkte her. Geschäftsführer des Betriebes, dessen Sitz sich vorher in Fiddichow (Pommern) befunden hatte, war ein Dr. jur. Leopold Singer in Berlin. Rätselhaft ist weiterhin das Wort Tätosin. Handelt es sich dabei um ein Kunstwort aus Singer und anderen Eigennamen?

Die Stadt Fürstenberg beteiligte sich vom 30. Mai bis 14. Juni 1936 an der Ausstellung „Deutsche Kraft aus märkischem Boden" in Frankfurt (Oder). Auf einem großen Wandbild wurde die günstige wirtschaftsgeographische Lage am Wasser, an der Eisenbahnlinie Berlin–Breslau und an wichtigen Straßen dargestellt.

Umspannwerk der „Märkisches Elektrizitätswerk Aktiengesellschaft" (MEW) an der Kreuzung der Schönfließer Chaussee mit der Alten Poststraße um 1940. Es nahm 1927 den Betrieb auf, und 1955 wurde diese Betriebsstätte an den Oder-Spree-Kanal verlegt.

Monteure der MEW aus Schönfließ (von links : Willi Schröder, Richard Bock, Richard Zimmermann, Franz Kahlisch, Hermann Kloss) installierten am 20. April 1941 im Umspannwerk an der Schönfließer Chaussee einen neuen Transformator.

Ruine des von 1943 bis 1945 erbauten Kraftwerks Vogelsang der MEW um 1965. Gespenstisch wirken die ungenutzten Anlagen in der Abgeschiedenheit der Fürstenberger Unteren Aue. Infolge der Kriegshandlungen konnte das Kraftwerk, das auf der Basis von Braunkohlevorkommen der Umgebung arbeiten und am 1. April 1945 ans Netz gehen sollte, nicht mehr in Betrieb genommen werden.

Die Belegschaft des Steinbearbeitungswerks Fürstenberg (Oder) 1954. In diesem Betrieb wurden Reste eines in der NS-Zeit angelegten Lagers mit wertvollen Natursteinen aus Schlesien, Bayern, Schweden, Norwegen und Finnland verarbeitet. Viele Blöcke des auf Wunsch Hitlers für Sieges- und Regierungsbauten geschaffenen Steinlagers wurden nach dem Krieg in die Sowjetunion transportiert.

Kaiserliches Postamt in der Bahnhofstraße um 1900. Auf seinem Grund und Boden erbaute der Maurer- und Zimmermeister Wilhelm Große dieses Postgebäude, das er vermietete. Der gotisierende Putzbau mit sechs Achsen zeigt im Sandsteinportal die Jahreszahl 1895.

Das Kaiserliche Postamt um 1910. Von Cuno Große wurde das Gebäude 1909 um zwei Achsen erweitert und mit einem Türmchen und einem gemauerten Torbogen versehen, die späteren baulichen Veränderungen weichen mußten.

Kreisgericht Fürstenberg in der Gubener Straße 1955. Das 1869 in der damaligen Neuzeller Straße (später Gubener Straße) als Schule errichtete Gebäude wurde 1879 Sitz des neugebildeten Amtsgerichts Fürstenberg. Später beherbergte es das Kreisgericht Fürstenberg bzw. das Kreisgericht Eisenhüttenstadt/Land. Heute befindet sich darin die Grundschule „Johann Wolfgang von Goethe".

Die 1903 eröffnete Städtische Gasanstalt 1909. In dem neugotischen Putz-Backsteinbau befanden sich Verwaltungs- und Wohnräume und das erste öffentliche Fürstenberger Wannenbad, das in den sechziger Jahren geschlossen wurde.

Erster Spatenstich für den Bau der Wasserleitung und Kanalisation am 15. August 1929. Honoratioren der Stadt, darunter Bürgermeister Heinrich Pritzsche und Schiffahrtsdirektor Carl Reiche, wohnen dem bedeutsamen Akt bei. Durch den Einsatz von Kanalarbeitern, die nach Fertigstellung der Zwillingsschachtschleuse zahlreich zur Verfügung standen, konnten die Bauarbeiten bereits im Januar 1931 beendet werden.

Blick vom Wasserturm auf das Städtische Krankenhaus um 1930. Die Aufnahme zeigt das mit 24 Betten ausgestattete Hauptgebäude, das nach Plänen von Baurat Erdmann (Guben) von der Fürstenberger Firma „Große & Sohn“ 1909/10 errichtet und am 15. Januar 1911 eröffnet wurde. Die Übergabe des heute denkmalgeschützten Wasserturms erfolgte am 26. November 1930.

Blick vom Kirchturm um 1930. Die Stadt hat eine beträchtliche Ausdehnung in Richtung Bahnhof und darüber hinaus erfahren. Vor den Diehloer Bergen (im Hintergrund) wird später die Wohnstadt des neuen Hüttenwerks entstehen.

Erster Spatenstich in der Straße der Jugend (Wilhelmstraße) am Ende der fünfziger Jahre. Hier entstand der erste von insgesamt zehn zwei- bis viergeschossigen Wohnblöcken der Arbeiterwohnungsbaugenossenschaft (AWG).

8

Kirchliches und schulisches Leben

Die „Goethe-Schule“ in den sechziger Jahren. Das vordere Gebäude der ehemaligen Stadtschule, die 1898 erbaute „Rote Schule“, wurde früher als Knabenschule genutzt. Die bereits 1879 eingeweihte „Weiße Schule“ (im Hintergrund) war später Mädchenschule. Vorläufer bildeten das als Schule erbaute Amtsgerichtsgebäude sowie ein altes Schulhaus auf dem Kirchplatz, nach dem die Schulstraße benannt ist. Dort erteilte 1790 ein Kantor den Unterricht. Die Anstellung eines Schulmeisters war der Stadt damals „bey der großen Armuth der meisten Bürger“ nicht möglich. Einige kleinere Kinder besuchten bei einem Christian Heyne die „Winkel Schule“, wo sie „im ABC und Buchstabiren“ unterrichtet wurden. Der Standort der ersten Fürstenberger Kirche ist unbekannt. Die jetzige Nikolaikirche wurde erst ab dem 14. Jahrhundert an dieser Stelle erbaut. Unter den 2.360 Einwohnern im Jahre 1859 befanden sich nur 31 Katholiken, deren Zahl durch den Zuzug böhmischer Glasmacher ab 1880 beträchtlich anstieg. Jüdische Bürger der Stadt (1850 waren es 14) und der Umgebung legten in der ersten Hälfte des 19. Jahrhunderts einen Friedhof an und errichteten ein Bethaus.

Die Stadtkirche in den dreißiger Jahren des 20. Jahrhunderts. Jahrhundertelang diente die dreischiffige spätgotische Hallenkirche den Schiffern als Wahrzeichen. Der Name Nikolaikirche wurde ihr erst 1964 verliehen. Wegen ihrer gedrungenen Gestalt ist sie im Volksmund auch unter der Bezeichnung „(Fürstenberger) Bulle“ bekannt.

Die zerstörte Stadtkirche um 1950. Am 23. oder 24. April 1945 war sie völlig ausgebrannt. Bis heute ist die Brandursache ungeklärt. Wurde sie von der SS angesteckt oder durch sowjetische Truppen in Brand geschossen?

Die neue Begräbniskirche am Anfang der dreißiger Jahre. Am 5. April 1931 wurde sie durch Superintendent Mueller-Schlomka eingeweiht. Das Gebäude entstand, nachdem die Vorgängerkirche, auch „Kleine Kirche“ und „Kirche vor dem Tor“ genannt, baufällig geworden und 1930 schließlich abgerissen worden war. Die alte Kirche soll vor 1600 erbaut worden sein.

Altarraum der Begräbniskirche anläßlich eines Erntedankfestes in den fünfziger Jahren.

Katholische Kirche und Schule um 1920. Nach dem Zuzug zahlreicher katholischer Glashüttenarbeiter aus Böhmen wurde am 4. Juni 1884 die Kapelle „Herz Jesu“ eingeweiht und am 12. Juni im selben Haus eine katholische Privatschule eröffnet. Der Ausbau zur heutigen Kirche erfolgte 1952/53.

Das 1926/27 erbaute katholische Pfarrhaus, Bahnhofstraße 70, im Jahr seiner Fertigstellung. Der Fürstenberger Geistliche unterstand als Kaplan und Kuratus der 1924 gebildeten Kuratie Fürstenberg dem Neuzeller Pfarrer. Erst nach dem Zweiten Weltkrieg wurde Fürstenberg selbständige Pfarrei. 1925 betrug die Zahl der Katholiken 712, 1946 (mit Schönfließ) 532.

Evangelischer Kindergarten des Diakonievereins in der Gubener Straße 10 um 1910. Seit 1897 wurde diese Kindertagesstätte von Diakonieschwestern aus dem Frankfurter Lutherstift geleitet. Die Einrichtung unterlag der Aufsicht des jeweiligen evangelischen Pfarrers.

Konfirmanden, geleitet von ihrem Pfarrer Wilhelm Müller (1905–1983), auf dem Weg zur Kirche (1955). Im Hintergrund die drei Häuser des Friedensplatzes, von denen das linke Gebäude in den neunziger Jahren einem Neubau weichen mußte.

Mädchen der Geburtsjahrgänge 1941/42 der Fürstenberger evangelischen Kirchengemeinde am Tag ihrer Einsegnung, dem 6. Mai 1956, mit Pfarrer Wilhelm Müller vor der Begräbniskirche. Von 1951 bis 1970 stand dieser Seelsorger der evangelischen Kirchengemeinde vor.

Das Schifferkinderheim „Gottesacker" um 1935. 1920 wurde diese Stiftung des Bergwerksdirektors und Rentiers F. Thielenberg eingeweiht. Während der Schulzeit waren hier die Kinder von Schifferfamilien untergebracht. In der DDR wurde das Schifferkinderheim zunächst weitergeführt. 1984 entstand in dem Gebäude eine Geschützte Werkstatt, und 1991 übernahm die „Lebenshilfe für Menschen mit geistiger Behinderung e.V.", Ortsvereinigung Eisenhüttenstadt, die Trägerschaft über diese Werkstatt für Behinderte.

Das Lehrerkollegium der Stadtschule um die Jahrhundertwende.

Eine Schulklasse, um die Jahrhundertwende aufgenommen von Richard Sewzynski. Das Gesicht eines Schülers ist offenbar zerkratzt. Auch heute werden Gesichter unliebsamer Mitschüler auf Schulfotos zuweilen unkenntlich gemacht.

Die II. „gehobene Klasse“ der Stadtschule mit Lehrer Gerlach 1918: 1. Reihe, 2. von rechts: Otto Müller, 3. von rechts: Hans Schleicher, 4. von rechts : Ernst Schulz; 3. Reihe, 2. von links: Elsa Kahlisch (verh. Thiele), 3. von links: Käthe Schneider (verh. Fuhrmann), 5. von links: Charlotte Kranz (verh. Padel); 4. Reihe, 4. von links: Grete Schleicher (verh. Rittner); 5. Reihe, 2. von links: Elfriede Rosenberg (verh. Forchert).

Stadtschullehrer Schöngart mit seiner 6. Klasse 1919/20.

Der Jahrgang 1920 der Stadtschule mit Lehrer Hoffmann anläßlich einer Wanderung zum Kobbelner Stein (1930). Das Foto zeigt u.a.: Werner Textor, Christel Knothe, Ulla Weidner, Elli Rikowski, Werner Padel, Rudi Kersten, Herta Raymund.

Wandertag einer Grundschulklasse der „Goethe-Schule“ zum Kleinen Pohlitzer See 1962.

Die Technische Schule des NS-Fliegerkorps Fürstenberg in den dreißiger Jahren (Hofansicht). Das zweigeschossige Gebäude an der Schönfließer Chaussee wurde 1921 als Fürstenberger Korbwarenfabrik GmbH errichtet und nahm 1948 die erste Fürstenberger Oberschule auf. Als Allgemeine Förderschule „Otto Buchwitz“ diente es bis in die neunziger Jahre des vorigen Jahrhunderts der Bildung und Erziehung von Kindern. 2010 wurde das Haus abgerissen.

Gruppenfoto von Schülern der Geburtsjahre 1929/30 mit Direktor Desch in der Aula der Grundschule 1944. Wie andere Fürstenberger wurden auch die Schüler Werner Genz (obere Reihe, 2. von rechts) und Horst Minack (mittlere Reihe, 4. von links) ohne technische Hilfsmittel und ausreichende Schulung beim Minenräumen eingesetzt und getötet. Irene Birkner (sitzend, 2. von rechts) kam nach dem Krieg durch eine von Russen in ihre Wohnung geworfene Handgranate um.

Das Gruppenfoto aus dem Jahre 1944 zeigt Mittelschüler und Lehrer Otto Gensitz in SA-Uniform. Viele männliche Mitschüler waren zu jener Zeit schon kriegsdienstverpflichtet und befanden sich zur Ausbildung als Luftwaffenhelfer in Bremerhaven. Wie viele seiner Altersgenossen und ältere Fürstenberger wurde auch Horst Krippner (obere Reihe, 2. von links) Opfer einer von der sowjetischen Militärkommandantur 1945 befohlenen Minenräumaktion.

Abgänger der Grundschule in der Kastanienstraße mit ihrem Klassenlehrer Günter Langer (rechts), 1948. Neben ihm Rektor Otto Mittag, später Gründungsdirektor der „Clara-Zetkin-Schule", einer erweiterten Oberschule.

Schüler der Klasse 10a der Clara-Zetkin-Oberschule Fürstenberg am 9. Juni 1950 mit ihrem Klassenlehrer Hartfiel: 1. Reihe (von links): Ruth Nauck, Ursula Dohme, Ilse Forkert, Lehrer Hartfiel, Vera Kaiser, Gerda Strafe; 2. Reihe: Helmut Appe, Werner Majewski, Werner Schwandt, Horst Musigk; 3. Reihe: Karl-Heinz Kindlein, Manfred Drodowski, Günter Ribback; 4. Reihe: Horst Siegel, Werner Wilke, Bruno Lindner, Hermann Krüger, Rudi Helm.

Lehrerin Padel mit ihrer 1. Klasse 1952. Von 1949 bis 1985 war Frau Padel an der „Goethe-Schule" tätig.

9

Vereinswesen und Feuerwehr

Der älteste Fürstenberger Chor, der „Männergesangverein 1847", im Jahr seines 75jährigen Bestehens (1922). Da dem Chor vorwiegend Kaufleute, Lehrer und Beamte angehörten, nannte man ihn auch den „halbseidenen". Wohl schon im 15. Jahrhundert wurde die 1990 zu neuem Leben erweckte Schützengilde gegründet. Nach einem „Urbarium" vom Ende des 18. Jahrhunderts waren die „Schützen Brüder" verpflichtet, die Stiftsherrschaft zum jährlichen Pfingstschießen einzuladen und beim Fronleichnamsumzug in Neuzelle fünf Salven abzufeuern. Zahlreiche weitere Vereine verschiedenster Art, darunter der Kriegerverein (1873), der Männerturnverein (1877), der Schifferverein „Eintracht" (1895) und der Konsumverein (1905), entstanden seit den siebziger Jahren des 19. Jahrhunderts. Am 13. Oktober 1890 wurde die Freiwillige Feuerwehr Fürstenberg gegründet, der 1892 103 Mitglieder angehörten. Der Übergang zur Ziegelbauweise, eine bessere Wasserversorgung und die Vervollkommnung des Feuerlöschwesens bewirkten, daß sich nach dem Stadtbrand vom 12. September 1848, dem 53 Wohnhäuser zum Opfer fielen, verheerende Feuersbrünste nicht mehr ereigneten.

Der Männergesangverein „Germania“ im Jahre 1910. Die Aufnahme entstand anläßlich seines 25jährigen Bestehens. Herr Gerhard Müller (*1912) erinnert sich: „Der MGV tagte alle drei bis vier Wochen abends im Fürstenberger Hof in der Königstraße, gegenüber meinem Vaterhaus. Im hinteren Saal wurde gesungen und geübt und, um die Kehlen zu ölen, in der zur Straße gelegenen Gaststube Korn und Bier getrunken.“

Der Kegelverein um 1930.

Das Bootshaus des „Rudervereins 1910“ bei der alten Deichbrücke im Jahre 1913.

Der 1910 gegründete Ruderverein beim Anrudern Anfang der dreißiger Jahre. Steuermann des ersten Bootes ist Franz Krüger, Ruderer sind die Söhne von Rechtsanwalt Steinbock.

Der „Kriegerverein 1873“ auf dem Lindenplatz kurz vor dem Ersten Weltkrieg.

Fahnenweihe des „Kriegervereins 1873“ auf dem Marktplatz am 6. Juni 1926.

Eine Aufnahme vom Ende der zwanziger Jahre: Die Fürstenberger Schützengilde ist im Stadion zum Schützenfest aufmarschiert. Zu Pfingsten 1926 konnten die Schützen dort ihre Schießstände einweihen.

Der „Post-Unterbeamten-Verein Fürstenberg/Oder und Umgebung" im Jahre 1911. Die einzige uns bekannte Person auf dem Foto ist Paul Kunger (sitzend, 3. von links).

Postkarte zur Erinnerung an die Fahnenweihe des „Eisenbahn-Vereins Fürstenberg (Oder)“ am 26. Juli 1914.

Kunstradfahrer des Radfahrervereins „Wanderlust“ um 1910 (rechts Albert Siebert).

Der Radfahrerverein „Wanderlust“ beim Sommerfest des Gaues 26 im Jahre 1907.

Gausommerfest und 25. Stiftungsfest des Radfahrervereins „Wanderlust“ im Juli 1922 auf dem Marktplatz.

Teilnehmer und Zuschauer eines Straßenrennens in der Umgebung der Stadt 1925.

Straßenrennen Fürstenberg–Storkow und zurück um 1930. Start und Ziel war an der neuen Glashütte in der Schönfließer Chaussee. Der Fahrer in der Mitte ist Karl Schnierstein.

Sportler im Fürstenberger Stadion um 1930.

Bürgermeister Heinrich Pritzsche weiht Anfang der zwanziger Jahre die neue Flußbadeanstalt am Schleiferwerder ein. Eine Badestelle hatte hier schon vorher bestanden. Um 1920 wurde sie mit Hilfe von Pontons aus Heeresbeständen zu einer modernen Badeanstalt ausgebaut. Im Winterhalbjahr bugsierte ein Dampfer die Pontons mit den Aufbauten zu einem Liegeplatz im Kanal.

Schwimmverein „S.C. Oder 22“ am Anfang der zwanziger Jahre. Der 1922 vom Drogisten Hermann Müller ins Leben gerufene Verein betreute die Badeanstalt und erteilte den Volksschülern kostenlosen Schwimmunterricht, weil damals häufig Menschen ertranken.

Der „1. Fußball-Club Fürstenberg 1912“ um 1920; vorn von links: W. Koch, O. Schulze, F. Thierbach, hinten: F. Mildner, G. Schenk, P. Krüger, E. König, unbekannt, E. Schulz und andere.

Der „1. FCF 1912" auf dem heute nicht mehr bekannten Sportplatz an der Unterschleuse (1925); von links: unbekannt, P. Krüger, G. Schenk, E. König, unbekannt, K. Buchwald, O. Schulze, B. Mildner, F. Thierbach, E. Schulz und andere.

Musterriege des „Männer-Turnvereins Fürstenberg a. O." anläßlich eines Gauturnfestes in Fürstenwalde 1911.

Die Fahrzeugbesatzung der neuen Kraftspritze KS 10 Benz-Gaggenau vor der alten Feuerwache 1924/25.

Die städtische Feuerwehr und die beiden Feuerwehren der Glashütten sind 1926 auf dem Marktplatz zu einer Großübung angetreten.

Lagebesprechung des Bürgermeisters Heinrich Pritzsche mit den Verantwortlichen vor der Übung.

Die Übung hat begonnen.

Die Feuerwehrbesatzung mit ihrer Kraftspritze KS 10 (1.000 Liter pro Minute) am 15. Juni 1926 beim Einsatz in der überschwemmten Wilhelmstraße. Die Wassermassen eines Wolkenbruchs können nicht ablaufen, da die Kanalisation noch fehlt.

Oberbrandmeister Bockisch (links) und Brandmeister Schleicher 1934 bei einer Übung auf dem Hof der Feuerwache.

10

Das Gaststättengewerbe

Das Gasthaus „Goldener Anker" um 1940. Die von Otto Luchterhand betriebene Gaststätte lag an der Königstraße, unweit des Bollwerks, einem Ankerplatz des Oder-Spree-Kanals, und wurde viel von Schiffern aufgesucht. Noch im ersten Drittel des 19. Jahrhunderts gab es in Fürstenberg nur einen Gasthof. Am 6. April 1796 erteilten Bürgermeister und Rat dem Bürger und Fleischhauermeister Johann Christian Lange junior die Konzession für seinen Gasthof, wohl den späteren „Goldenen Löwen", mit der Erlaubnis, „durchreisende und sonstige Fremde zu beherbergen, solche mit Eßen und Trincken zu versehen, auch sonsten gekochtes Eßen zu verkauffen", und gestatteten ihm, „ein Schild mit einem goldnen Löwen auszuhängen". Das starke Anwachsen der Einwohnerzahl durch die Ansiedlung von Industrie und die Eröffnung des Oder-Spree-Kanals führten zu einem Aufschwung im Gaststättengewerbe: 1841 werden für die 1.873 Einwohner zählende Stadt zwei Gasthöfe bzw. Ausspannungen sowie 13 Schankstätten angegeben. Im Adreßbuch von 1923 sind 15 Gasthöfe bzw. -wirtschaften und 15 Schankwirtschaften aufgeführt.

Hochzeitsgesellschaft vor dem „Goldenen Anker" nach der Eheschließung des Fleischermeisters Johannes Raymund mit Welda geb. Gabriel 1925.

Das HO-Hotel „Aufbau" (um 1900 „Eisenbahn-Hotel") Anfang der fünfziger Jahre. Am 26. Juni 1898 fand hier in Anwesenheit des Berliner Arztes Prof. Dr. Rudolf Virchow die 14. Hauptversammlung der „Niederlausitzer Gesellschaft für Anthropologie und Altertumskunde" statt. Typisch für die Nachkriegszeit ist die Verkaufsbaracke im Vordergrund. Beide Gebäude gibt es heute nicht mehr.

Das „Gesellschaftshaus" von Paul Schleicher, Bahnhofstraße 87, im Jahre 1932. Ein Braumeister Winkler ließ hier 1883 ein Brauereigebäude mit Appartement errichten. 1892 entstanden ein Tanzsaal und zwei Gaststuben. Um die Jahrhundertwende übernahm Paul Schleicher Brauerei und Gaststätte. Das vormalige Staatliche Kulturhaus „Ernst Thälmann" pachtete nach der Wende Egon Niemack und benannte es 1992 in „Fürstenberger Gesellschaftshaus Schleicher" um.

Gastwirt Paul Schleicher (1864–1931) und Ehefrau Marie (1870–1944) mit ihren Kindern 1914.

„Schmidt's Brauerei & Ausschank", Königstraße 53, um 1910. Am 7. Juli 1884 erhielt der Brauereibesitzer Wilhelm Schmidt die Konzession für den Bierausschank im damaligen Haus Nr. 207. Die seit DDR-Zeiten hier befindliche Gaststätte „Stadtmitte" ist zur Zeit geschlossen.

Blick in die Königstraße in nördlicher Richtung Ende der dreißiger Jahre. Rechts das „Hotel Fürstenberger Hof", in dem seit 1913 die „feinere Gesellschaft", die Beamten und Angestellten, verkehrte. In einem Gedicht von H. Knobloch (1984) heißt es: „Wer intelligent und wer auch hoch/verkehrte damals im Fürstenberger Hof/der Amtsrichter, der Arzt, der Notar/vertranken dort das Honorar."

„Brauerei und Restaurant Paul Müller“ in den zwanziger Jahren. 1923 gab es in Fürstenberg noch zwei Brauereibesitzer: Ernst Kahlisch, Königstraße 53, und Paul Müller, Bahnhofstraße 6. Außerdem hatte die „Frankfurter Aktien-Brauerei“ auf dem Hof der Brauerei Müller eine Niederlassung errichtet, von der aus Hahnen-Bräu (hell), Löwen-Bräu (dunkel) und Caramel-Bier vertrieben wurden.

„Gasthof zur blauen Taube“, Königstraße 5, um 1905. Er wurde bis 1920 von Paul Bayer betrieben, dann von Hermann Müller zu einer Drogerie umgebaut und das Haus 2004 abgerissen.

Mattkes Gaststätte an der Oberschleuse um 1940. Im Jahre 1902 ließ der Dampfschiffsbesitzer Friedrich Mattke die Gaststätte „Erbprinz von Hohenzollern“ errichten, für die er 1905 die Schankerlaubnis bekam. In den fünfziger Jahren befand sich hier das „Klubhaus der Gewerkschaft“ der „Bau-Union“, später Klubhaus „Philipp Müller“.

Restaurant „Zur Unterschleuse“ um 1913. Wegen der langen Wartezeiten beim Durchschleusen lohnte sich an den Schleusen die Einrichtung von Gaststätten, die sich später zu beliebten Ausflugszielen entwickelten.

11

Ereignisse und Höhepunkte

Neben dem Hochwasser wohl das bedeutendste Ereignis des Jahres 1930: Das Luftschiff LZ 127 „Graf Zeppelin“ überfliegt im September Fürstenberg. Der bekannte Luftschiffführer Dr. Hugo Eckener war in Friedrichshafen zu einer Fahrt nach Moskau gestartet. Ereignisse wie dieses, ein neuer Schleppdampfer auf dem Kanal, das erste Auto in der Stadt, ein zum Rundflug bereitstehender Doppeldecker, bewegten einst die Gemüter. Ein Leierkastenmann oder ein Tanzbär, Feste und Feiern der Vereine brachten Abwechslung und stärkten das Zusammengehörigkeitsgefühl. Zu allen Zeiten war den Fürstenbergern die Anwesenheit hoher Persönlichkeiten willkommen, so auch des Reichspräsidenten Hindenburg 1932. Und es soll vorgekommen sein, daß Zeugen solcher Höhepunkte später über die einstmals empfundene Begeisterung verschämt den Schleier des Vergessens legten. Auch an tragischen Ereignissen hat es nicht gefehlt. So brachte der Schiffseigner Wurche aus Breslau mit seinem Kahn am 7. Oktober 1915 die im Bau befindliche Oderbrücke zum Einsturz, wobei Frau, Sohn und Tochter erschlagen wurden.

Straßenszene der dreißiger Jahre: Ein Leierkastenmann spielt in der Schulstraße/Ecke Schützenstraße seine unverwechselbaren Drehorgelmelodien.

Ein Spektakel um 1930 in der Schützenstraße: Viele Schaulustige, besonders Kinder, sind zusammengelaufen, um den Tanzbären zu sehen. Der Bärenführer schlägt das Tamburin.

Der erste in Fürstenberg zugelassene Pkw, ein Opel mit Kulissenschaltung und Baggerschmierung des Baujahrs 1918, gehörte Albert Siebert.

Festlicher Umzug anläßlich des Feuerwehrfestes im Juli 1914, kurz vor Ausbruch des Ersten Weltkriegs. Von der Drogerie Boche geht der Blick die Frankfurter Straße hinunter. Beim Ausbau der Straße in den achtziger Jahren mußten Häuser einem Parkplatz weichen.

Der Kriegerverein beim Feuerwehrumzug 1914. Das längliche Wohngebäude vor dem Bahnhof, das in den achtziger Jahren abgerissen wurde, hieß im Volksmund „Schafstall".

Ein Foto der zwanziger Jahre, aufgenommen an der Ecke Wilhelmstraße/Prinz-Carolath-Straße. Ein geschmückter Wagen zeigt Sportler verschiedener Sektionen mit ihren Sportgeräten. Noch unklar ist der Anlaß zu diesem Rosenumzug.

Vor einem Rundflug über Fürstenberg am 29. Mai 1932. Der Start erfolgte vom Flugplatz hinter der späteren Technischen Schule des NS-Fliegerkorps.

Das Bollwerk während des Novemberhochwassers 1930. Mit 6,52 m am 6. November 1930 und 7,17 m am 24. Juli 1997 wurden in Fürstenberg die bisher höchsten Pegelstände gemessen.

Choleraüberwachungsstelle Fürstenberg während des letzten Cordon sanitaire 1905. Nicht unwesentlich für die Eindämmung der in Osteuropa verbreiteten, gemeingefährlichen Cholera war die Bildung eines Sperrgürtels entlang der Oder. Bei Annäherung der Krankheit wurden für den Fall seiner Nichtbeachtung lebenslängliches Gefängnis und selbst die Todesstrafe angedroht. 1848 erkrankten in Fürstenberg 11 und 1867 15 Personen an Cholera.

Sanitätsrat Dr. Georg Hergesell inmitten seiner Geschenke zum 80. Geburtstag am 24. Juli 1958. Ab 1926 war Dr. Hergesell als praktischer Arzt und Geburtshelfer in Fürstenberg tätig. Von seinen 55 Dienstjahren praktizierte er 34 Jahre in unserer Heimatstadt. Als Fürstenberger Original lebt er bis heute im Gedächtnis der Menschen fort.

Am 18. September 1905 besuchten Kronprinz Wilhelm und Prinz August Wilhelm die Stadt. Sie wohnten in dem damals wohl einzigen standesgemäßen Privatgebäude, in der Millionärsvilla Thielenberg, Bahnhofstraße 72.

Am 20. September 1932 gegen 14.20 Uhr traf Reichspräsident Hindenburg auf dem Bahnhof Fürstenberg ein. Nach einem Mittagsmahl durchfuhr er in Begleitung seines Sohnes und des Führers der blauen Verteidigungstruppen, Generalleutnant von Rundstedt, unter dem Jubel der Fürstenberger die Prinz-Carolath-Straße, um über die Oderbrücke in das Manövergebiet zwischen Ziebingen und Crossen zu gelangen.

Festlicher Empfang des Oberfeldwebels Werner Stumpf (Bildmitte, rechts seine Eltern) am 22. August 1942 im Stadtverordnetensaal des Fürstenberger Rathauses. Der in Fürstenberg beheimatete Flugzeugführer eines Jagdgeschwaders war Ritterkreuzträger.

Am 19. September 1951 erfolgte der erste Hochofenabstich im Eisenhüttenkombinat Ost Fürstenberg in Anwesenheit des Ministerpräsidenten der DDR Otto Grotewohl.

In den Aufbaujahren waren Regierungslimousinen auf der Werkstraße keine Seltenheit. So besuchte am 19. Januar 1963 der sowjetische Ministerpräsident Chruschtschow (auf dem rechten Frontsitz) in Begleitung von Walter Ulbricht das Werk und die neue Stadt.

Die Schüler der Fürstenberger Mittelschule beim ersten Maiumzug nach dem Kriege (1946). Ihr Weg führte sie von der Schule zum Marktplatz.

Fastnacht in Fürstenberg. Bis in die sechziger Jahre des 20. Jahrhunderts wurde hier noch „gezampert", d. h., man zog mit Musik von Haus zu Haus und sammelte Gaben.

Festwagen des Tischlerhandwerks anläßlich der 700-Jahr-Feier vom 27. August bis 4. September 1955. Mit Enthusiasmus feierte man damals das größte Stadtfest seit Kriegsende.

Festwagen der traditionsreichen Fürstenberger Korbmacherinnung zur 700-Jahr-Feier.

Mit einem historischen Hochrad nahm der Architekt und vormalige Inhaber einer Düngemittel- und Baustoffhandlung Karl Schnierstein, assistiert von zwei Sportlern, am Umzug teil.

Zum Festumzug durch die geschmückte Stadt präsentiert sich Tischlermeister Willi Olschewski als stattlicher Kavalier inmitten hübscher Damen in Biedermeierkleidern mit Krinolinen.

Leben in der Großstadt …

Tauchen Sie ein in das quirlige Großstadtleben vergangener Tage. Spazieren Sie über breite Boulevards und stürzen Sie sich ins Nachtleben. Erkunden Sie ihre Stadt durch die Fensterscheiben einer Straßenbahn oder des ersten Käfers und bewundern Sie prächtig geschmückte Schaufenster.

… und ländliche Idylle

Wie sah das Leben in Ihrer Heimat aus, als die Bauern noch mit Pferden pflügten und jedes Dorf seinen eigenen Schmied hatte, jeder noch jeden kannte und das Leben sich zwischen Kirche, Wirtshaus und Wohnküche abspielte?

www.suttonverlag.de

Erinnerungen an die Schulzeit …

Erinnern Sie sich noch an die Zeiten von Abakus und Schiefertafel, an Klassenausflüge oder den ersten Taschenrechner? Blicken Sie zurück auf große Klassen und gestrenge Schulmeister, entdecken Sie auf Klassenfotos Freunde und Bekannte von früher!

… und das Arbeitsleben

Entdecken Sie, wie sich das Arbeitsleben in den letzten hundert Jahren verändert hat. Werfen Sie einen Blick in Fabrikhallen, blicken Sie Handwerksmeistern bei ihrer Arbeit über die Schulter und erinnern Sie sich an den Einkauf im Tante-Emma-Laden.

www.suttonverlag.de

Gesellige Stunden im Verein …

Fußballclub und Schützenverein, Musikkapelle und Gesellenverein: Schauen Sie zurück auf Volksfeste und Turniere, Chorproben oder Prunksitzungen. Erinnern Sie sich an schöne Stunden und das gesellschaftliche Leben in Ihrer Heimat.